Sur la route, Cars & More Transport
livre de coloriage

Young Scholar

Young Scholar
An imprint of Ciparum LLC

Sur la route, Cars & More Transport livre de coloriage
© 2017 Ciparum LLC
All rights reserved.
ISBN-10:1-63589-309-7
ISBN-13:978-1-63589-309-0

www.youngscholar.co

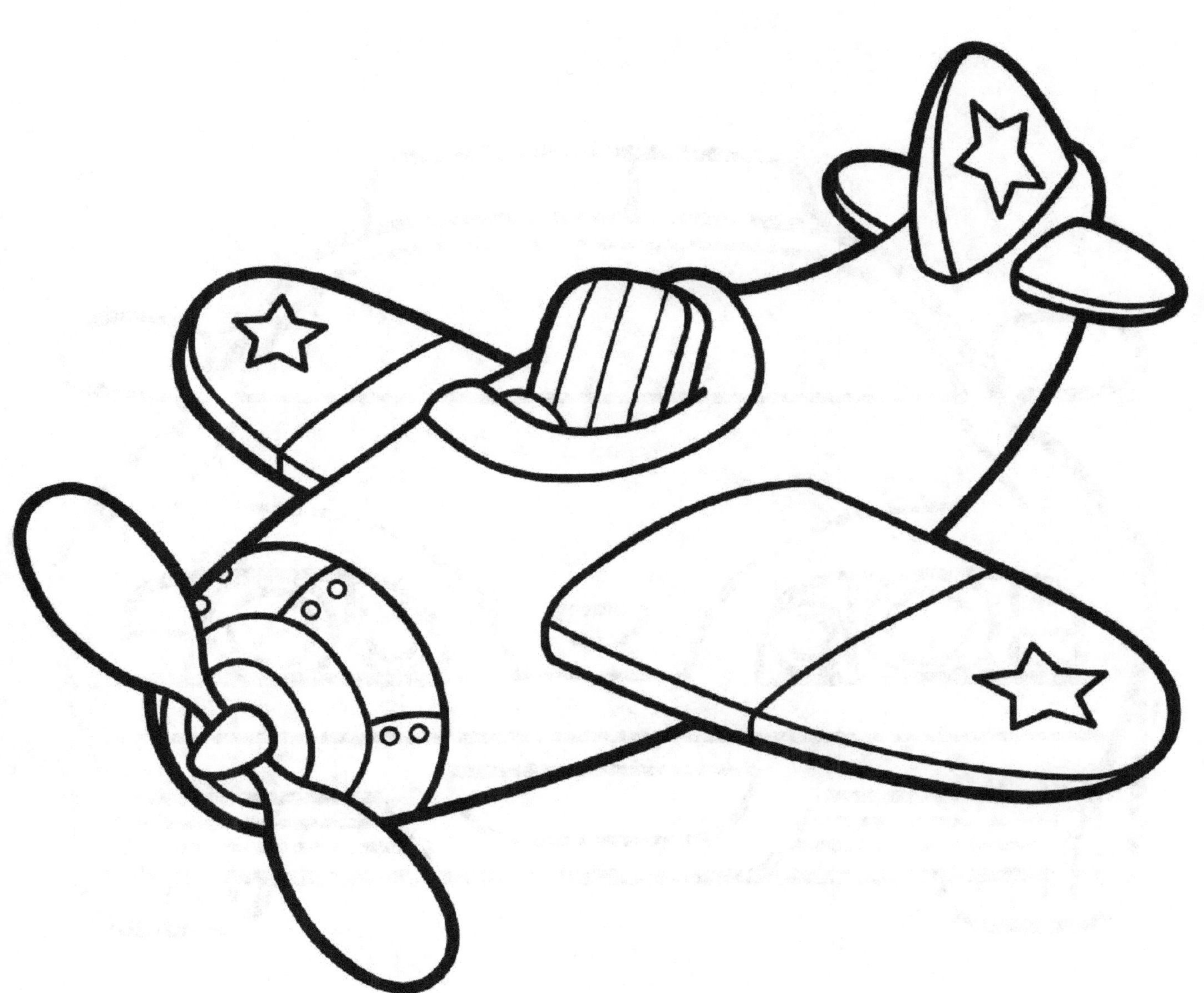

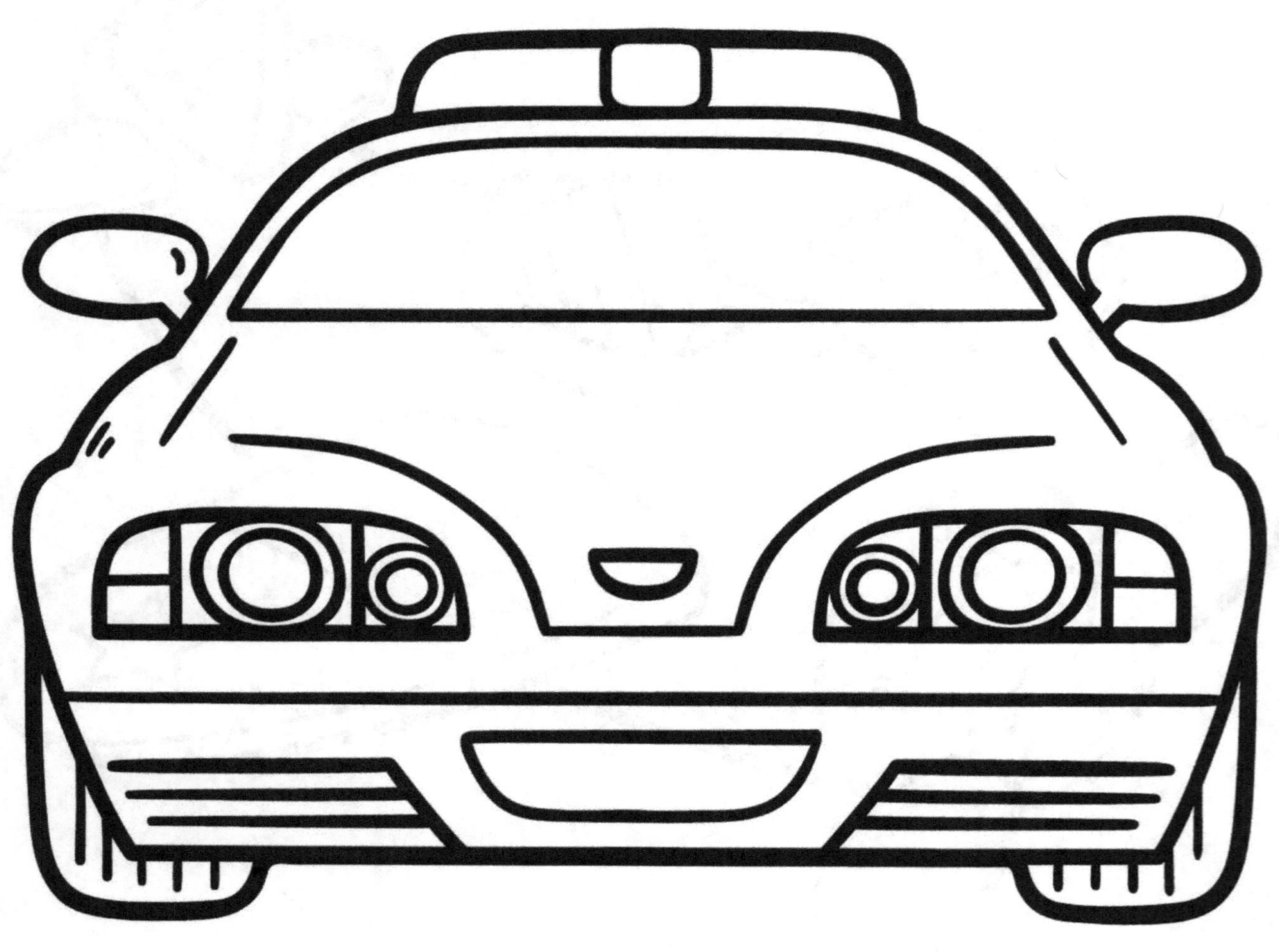

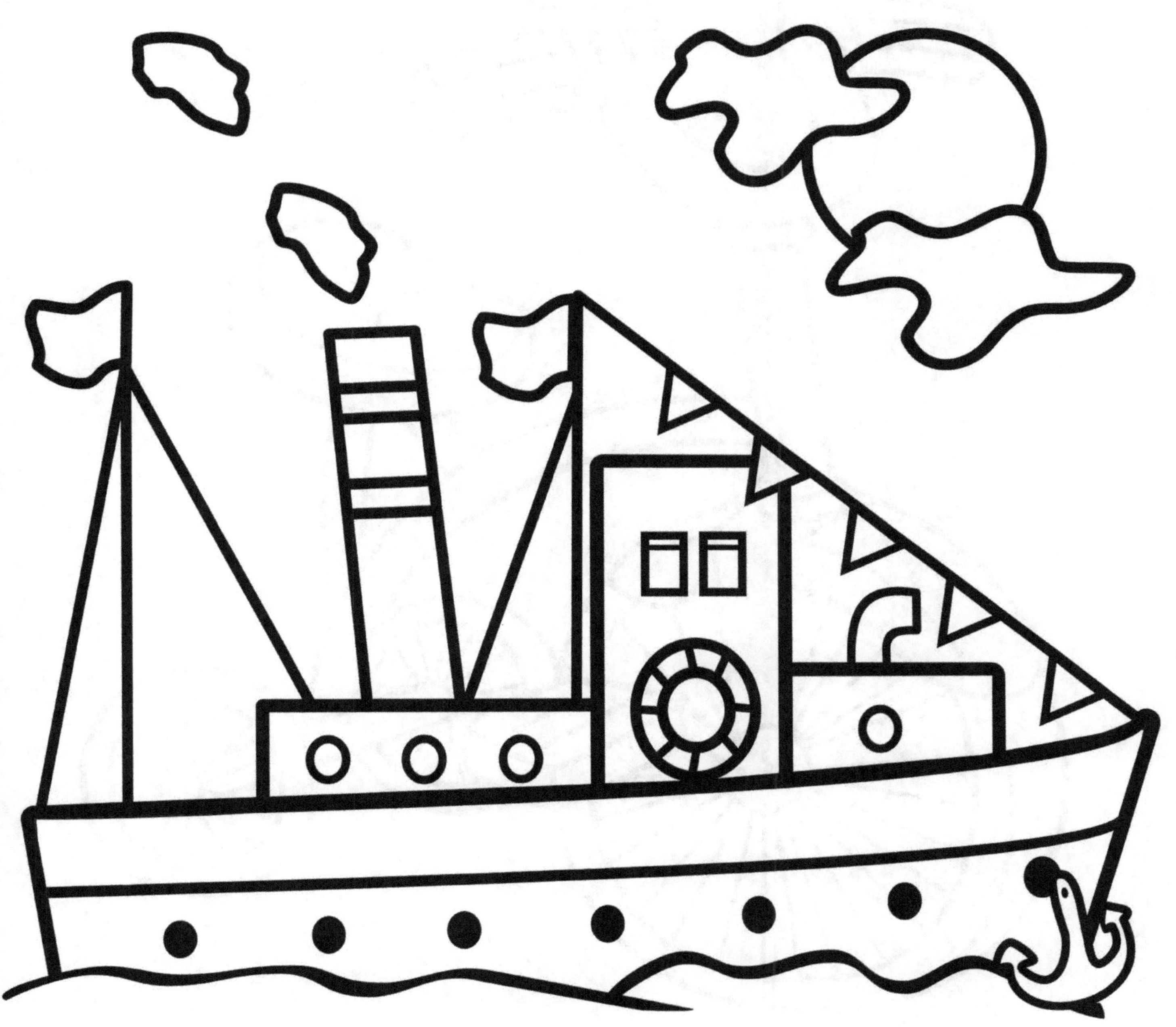

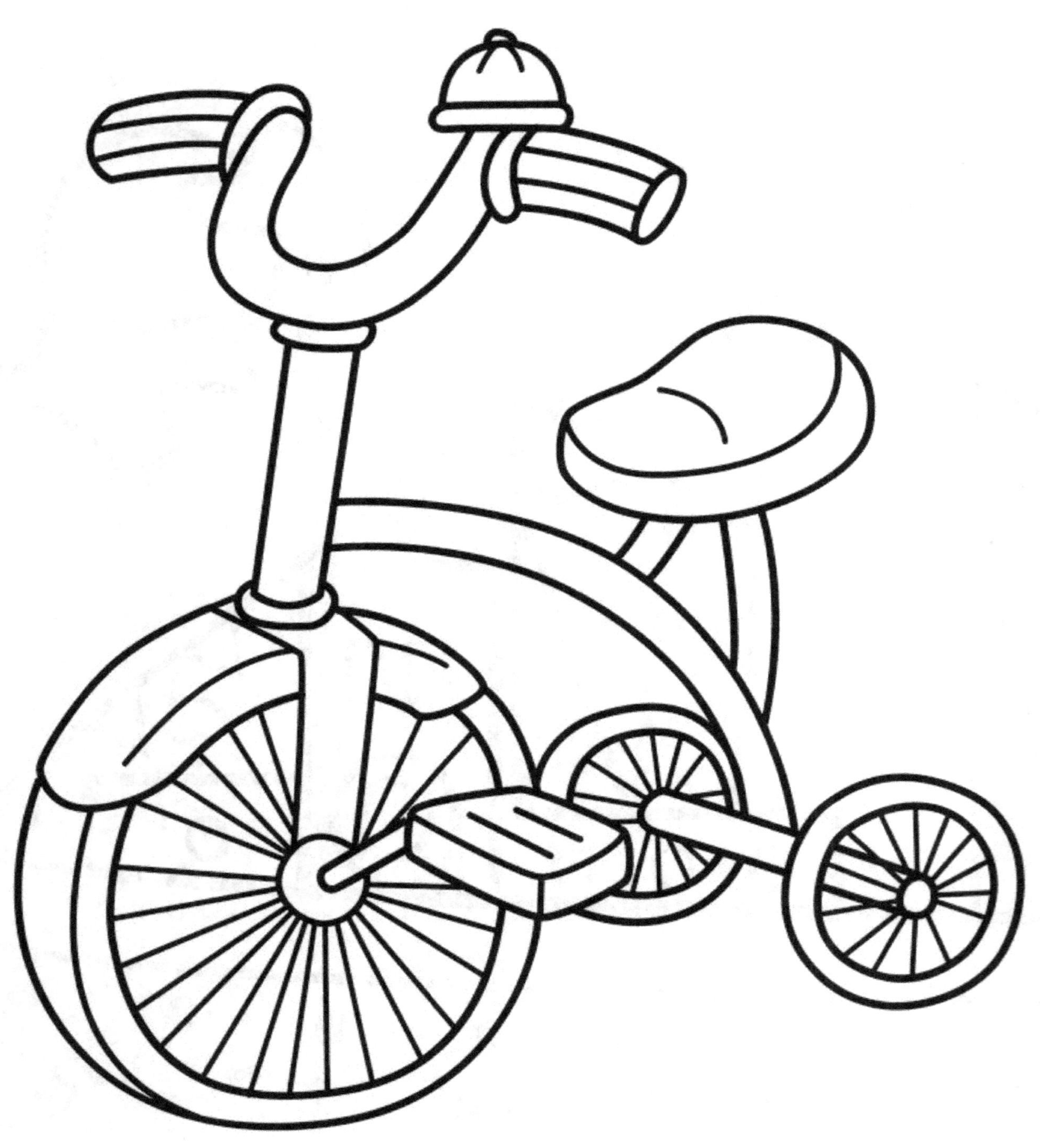

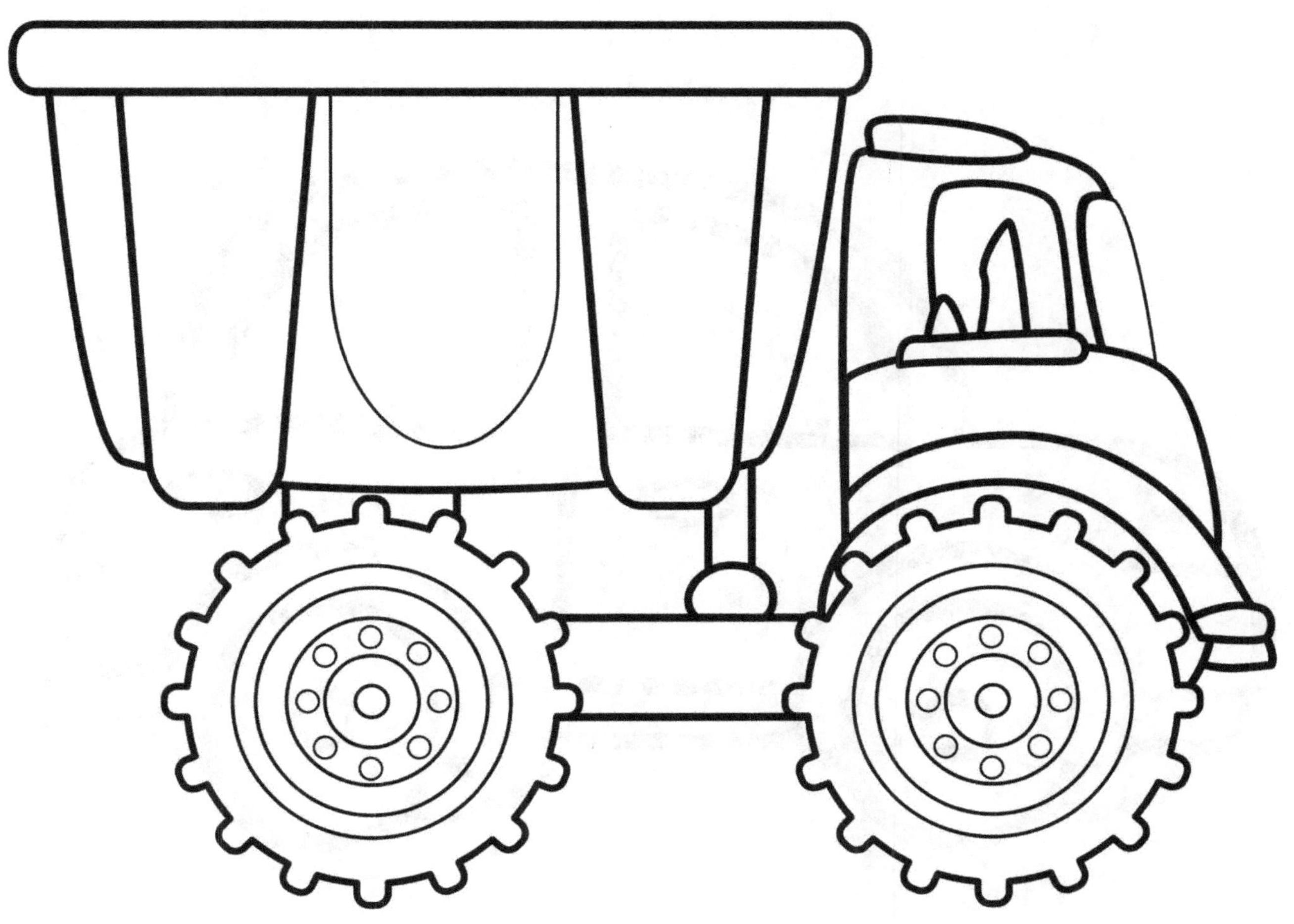

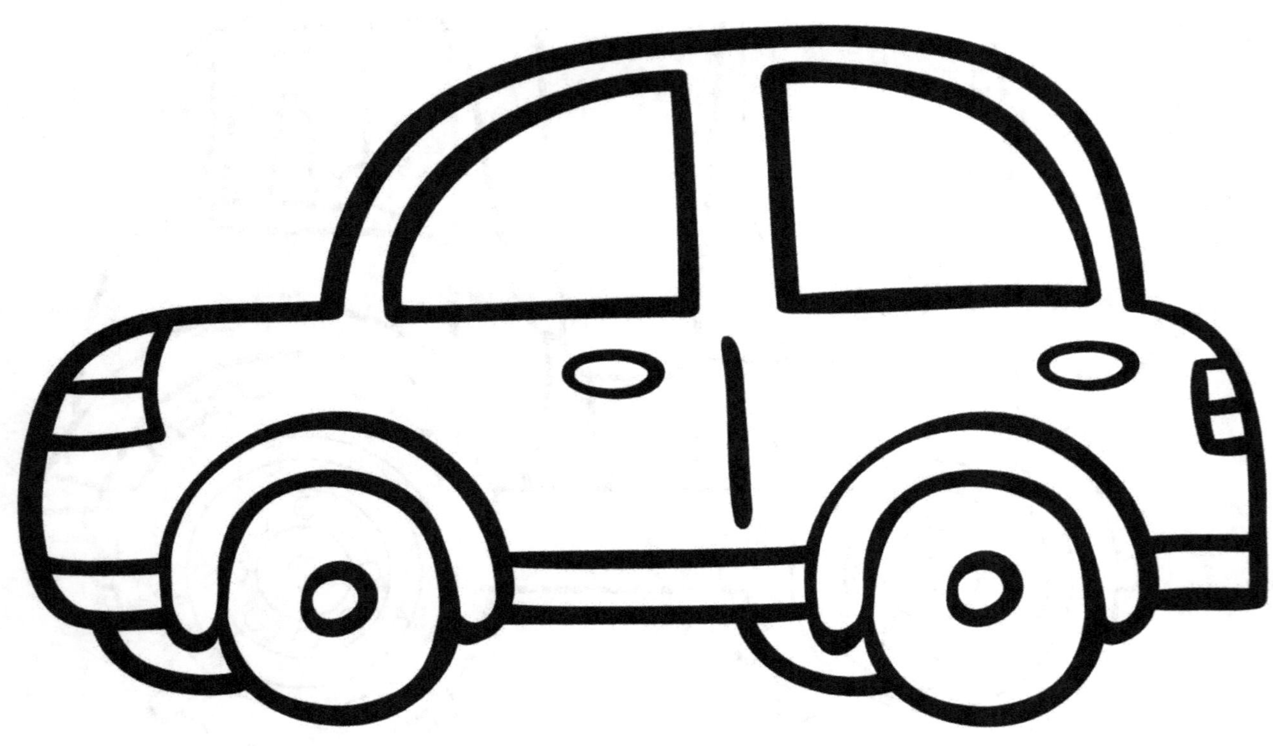

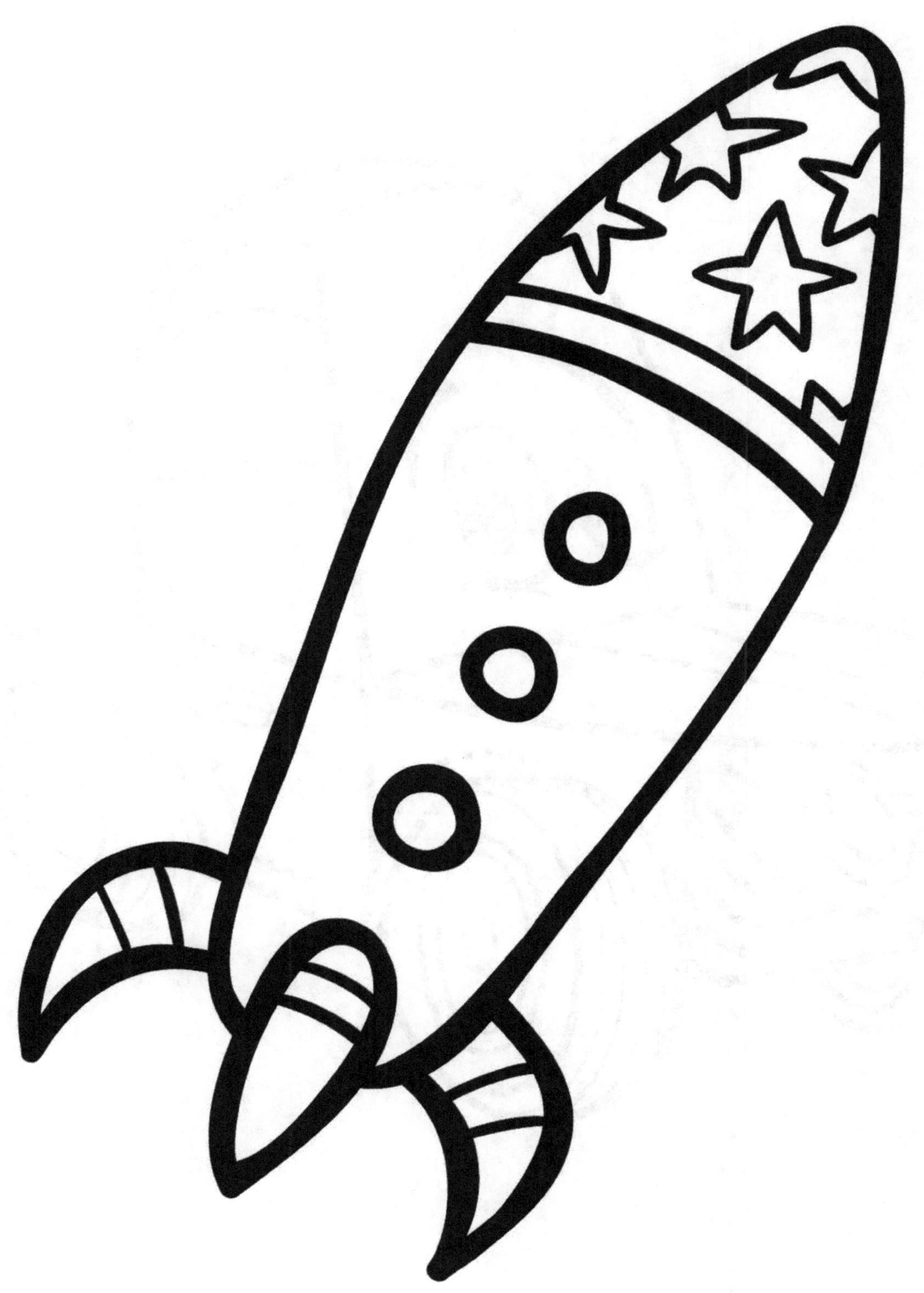

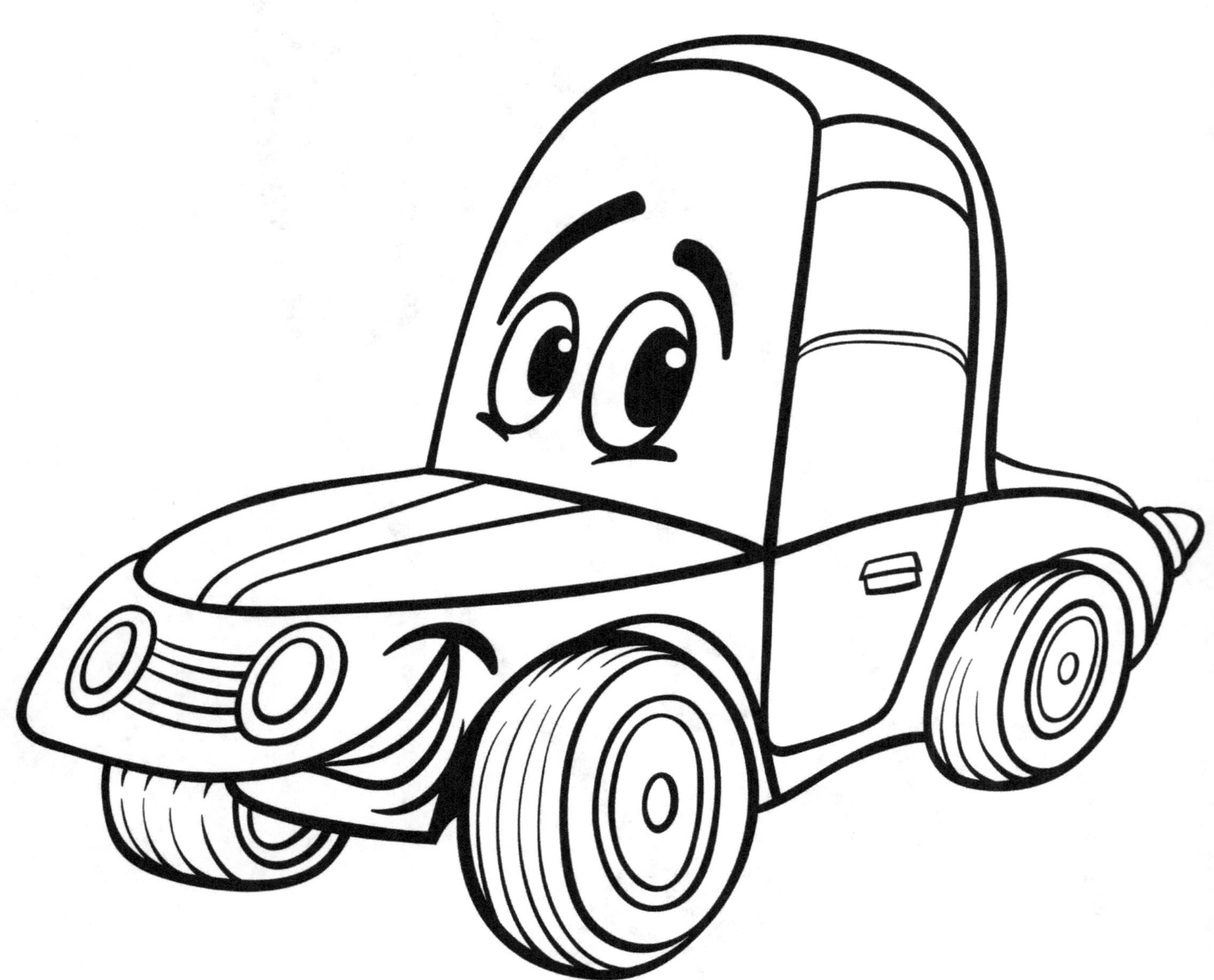

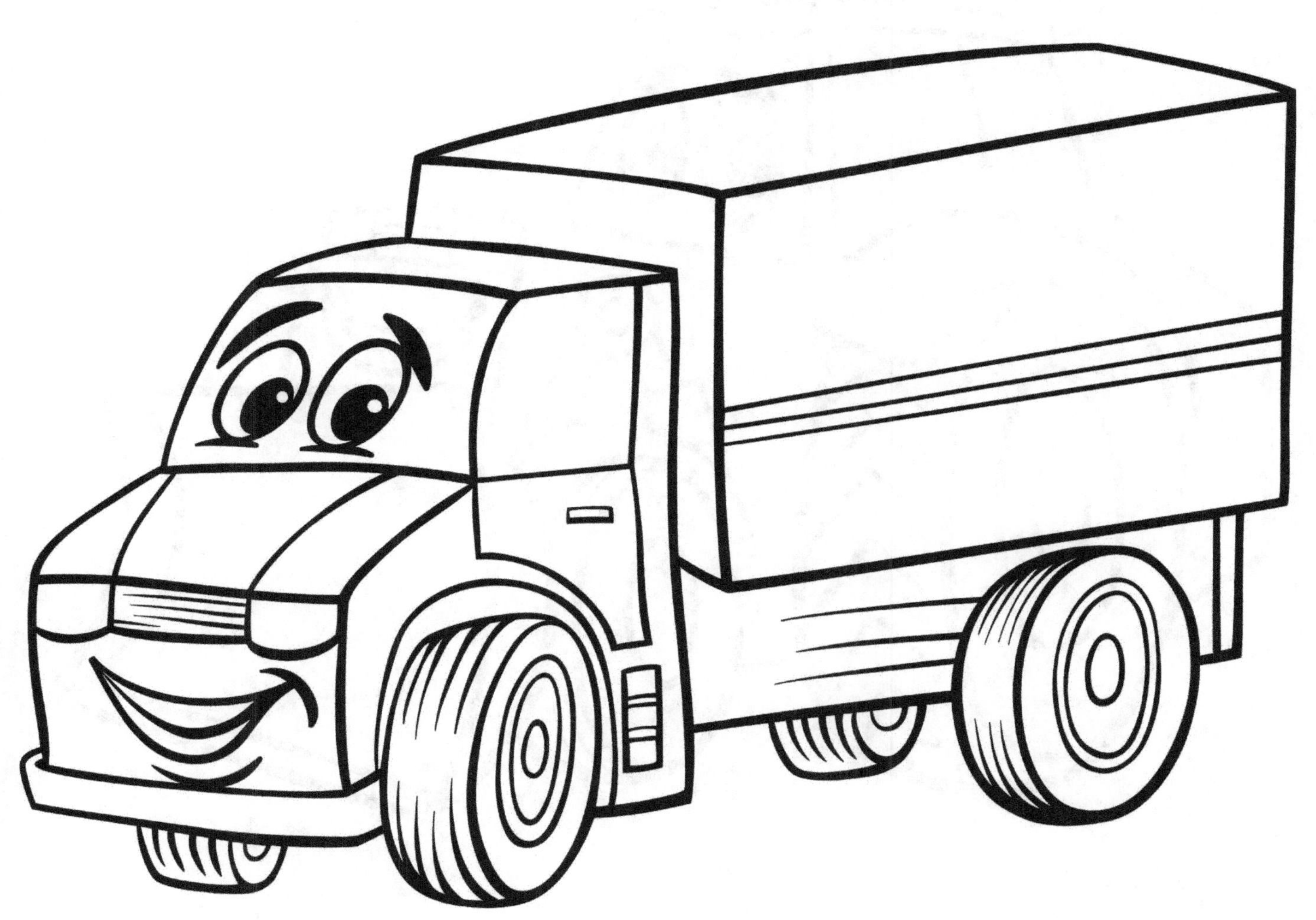

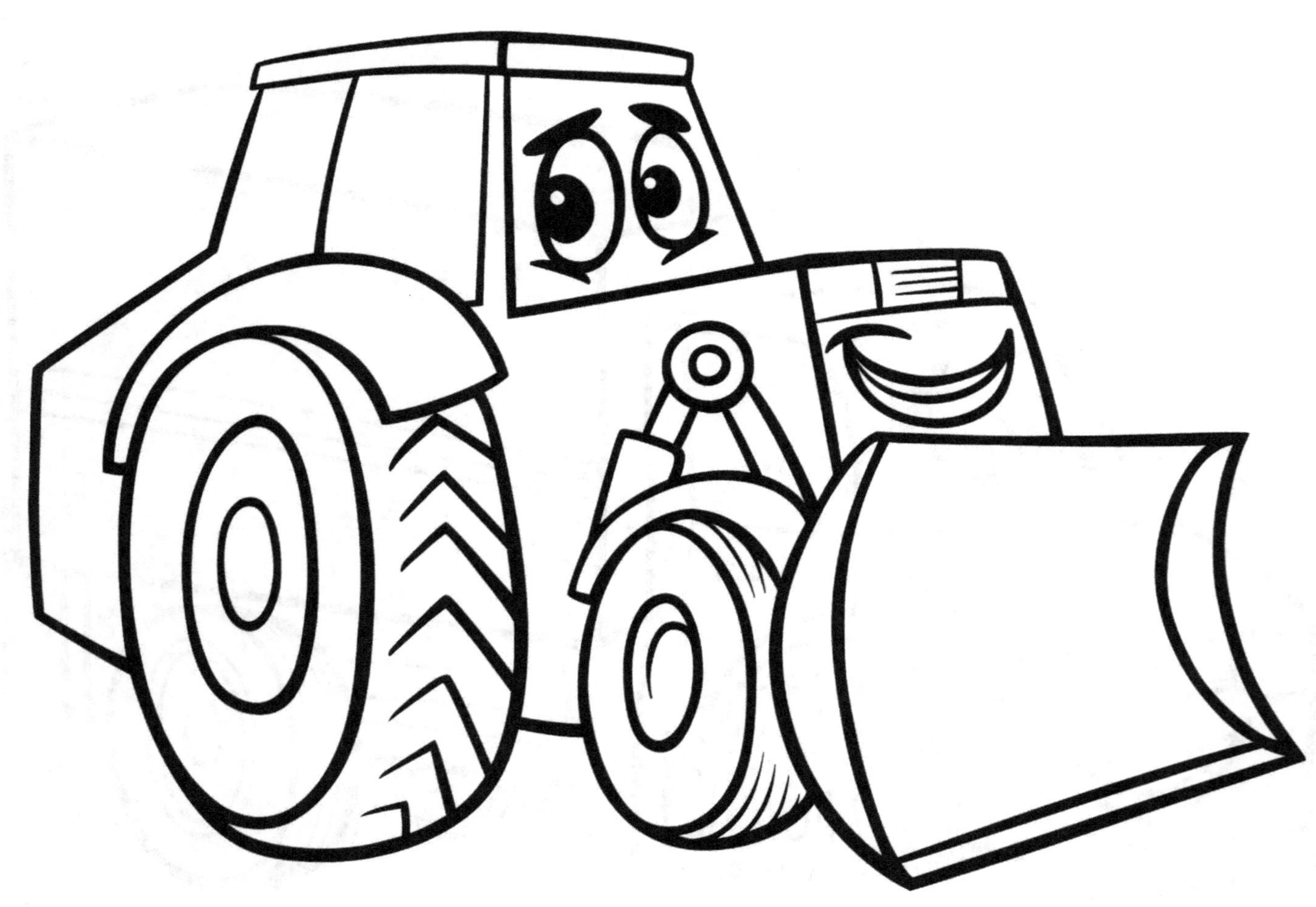

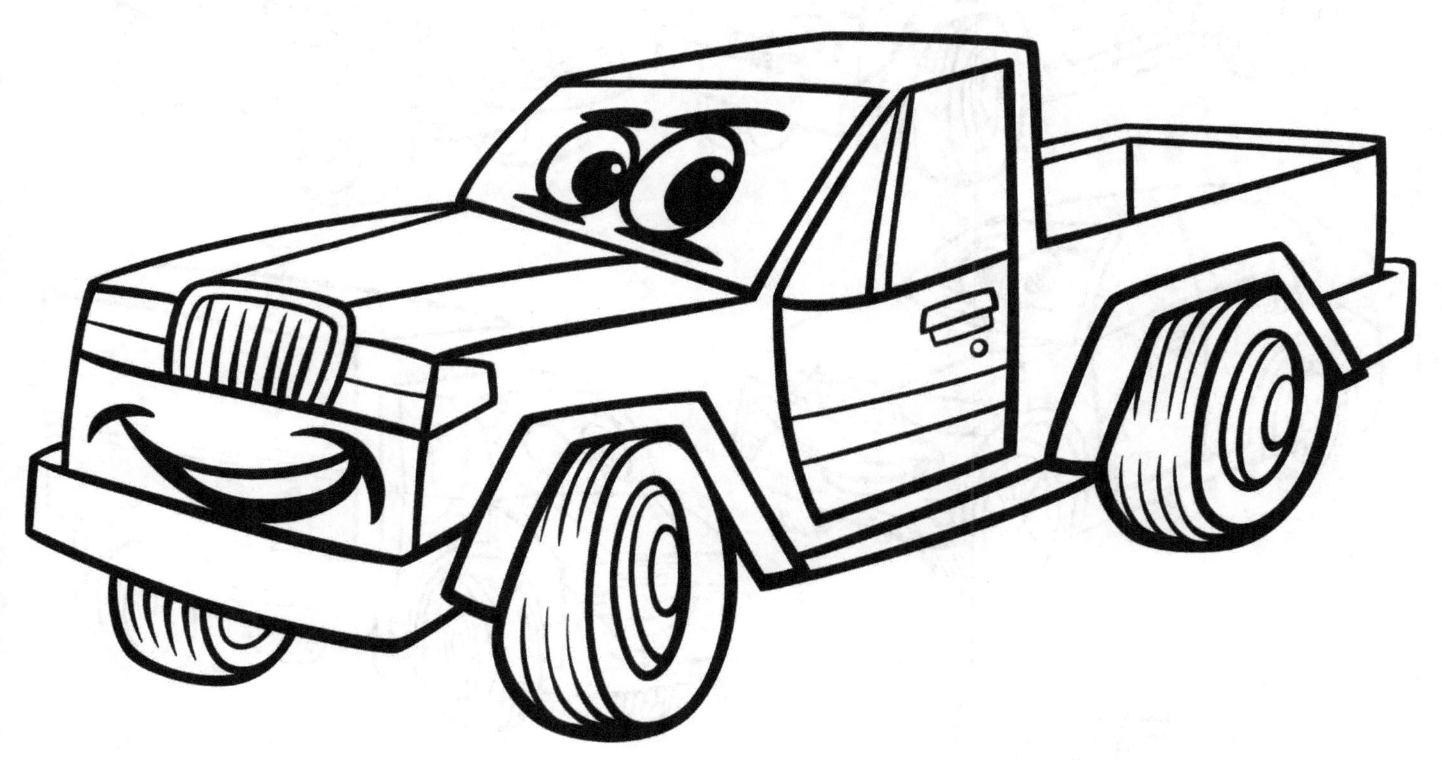

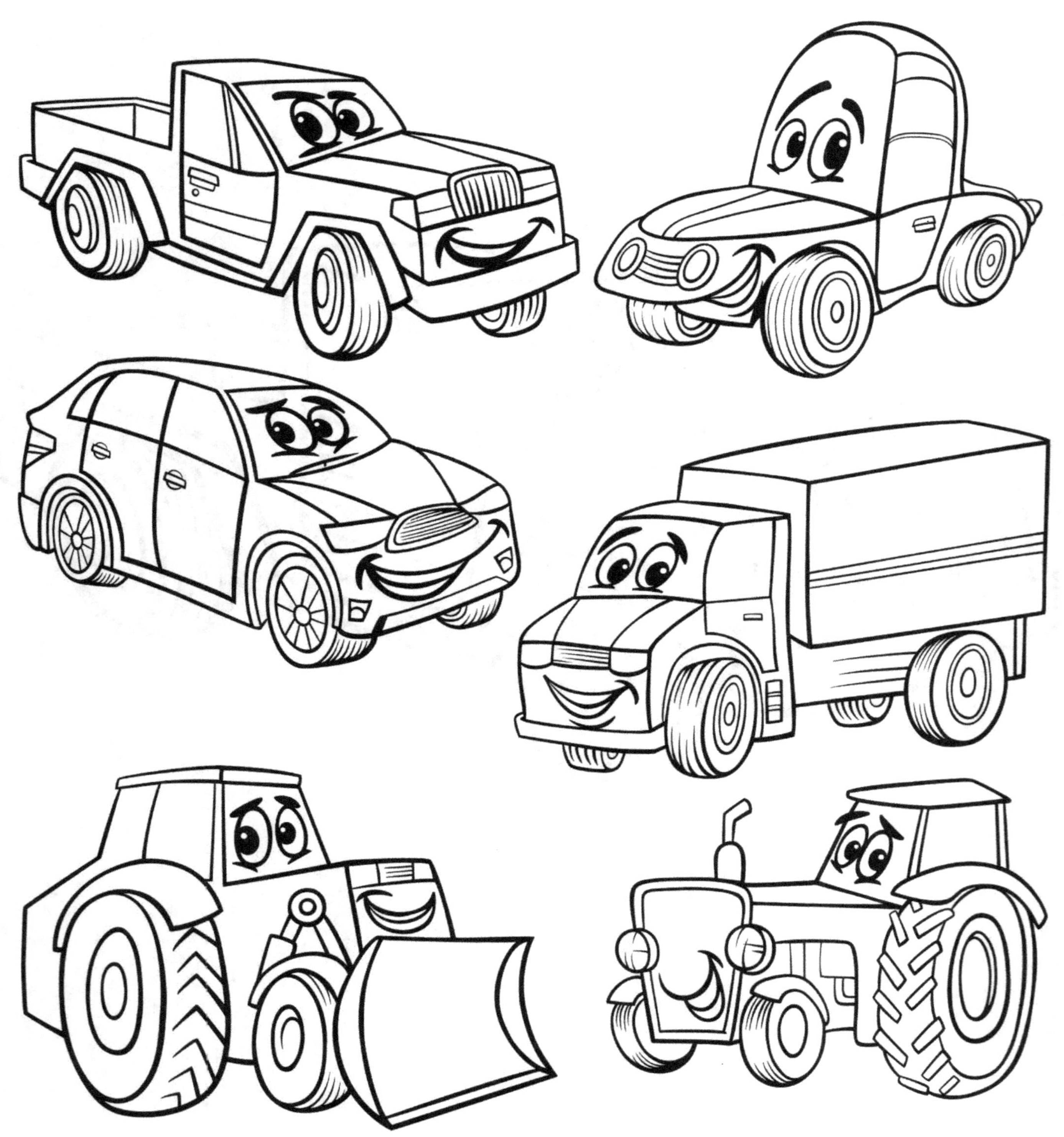

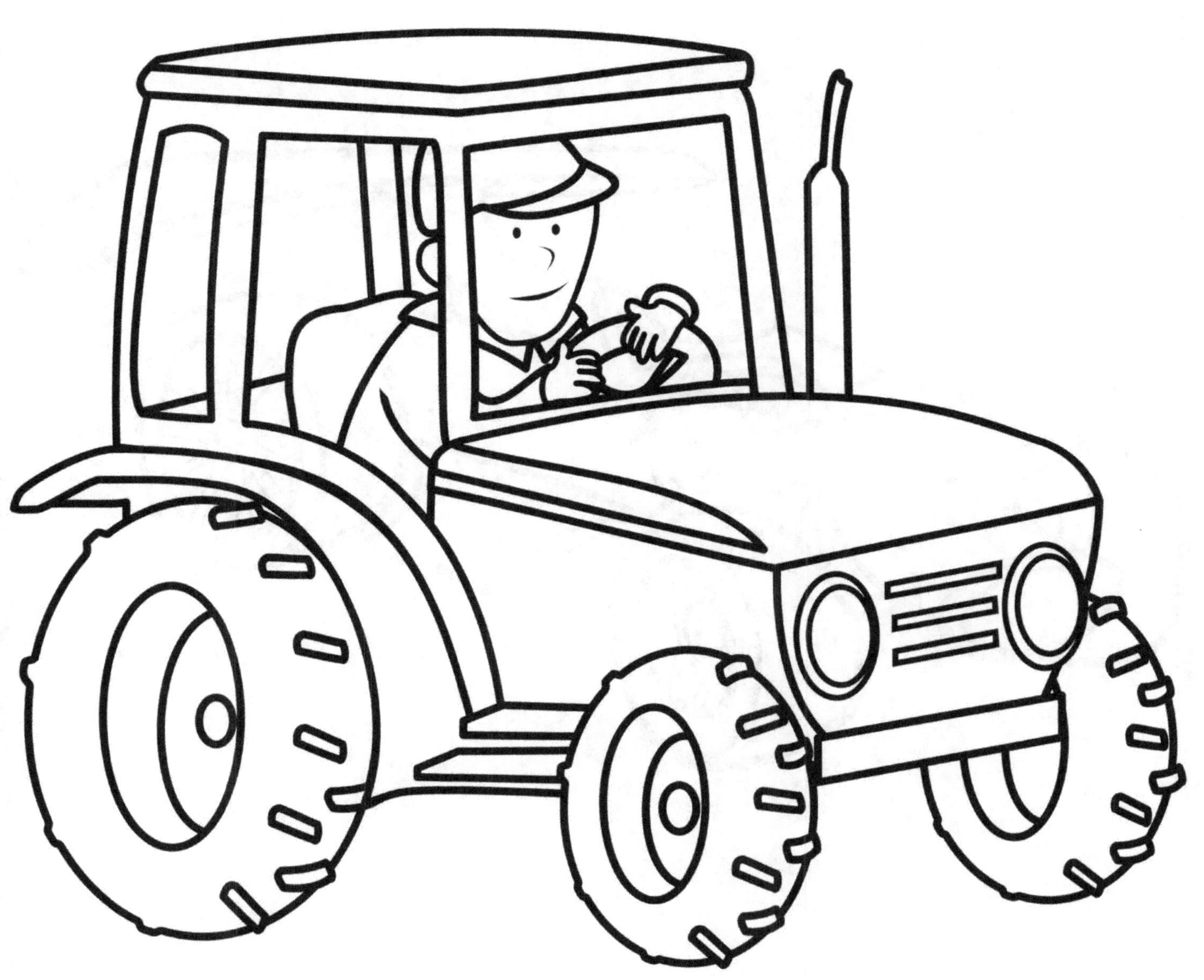

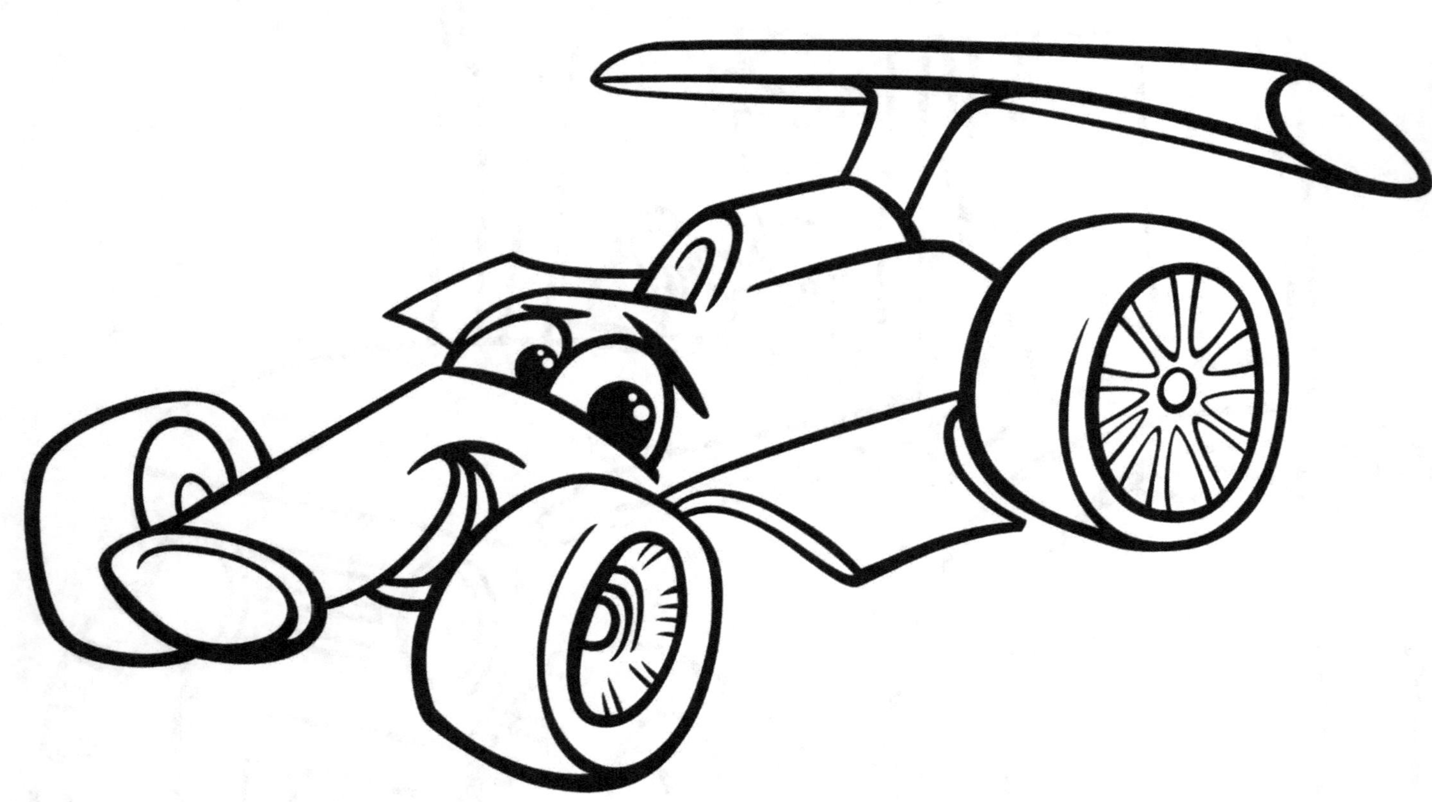

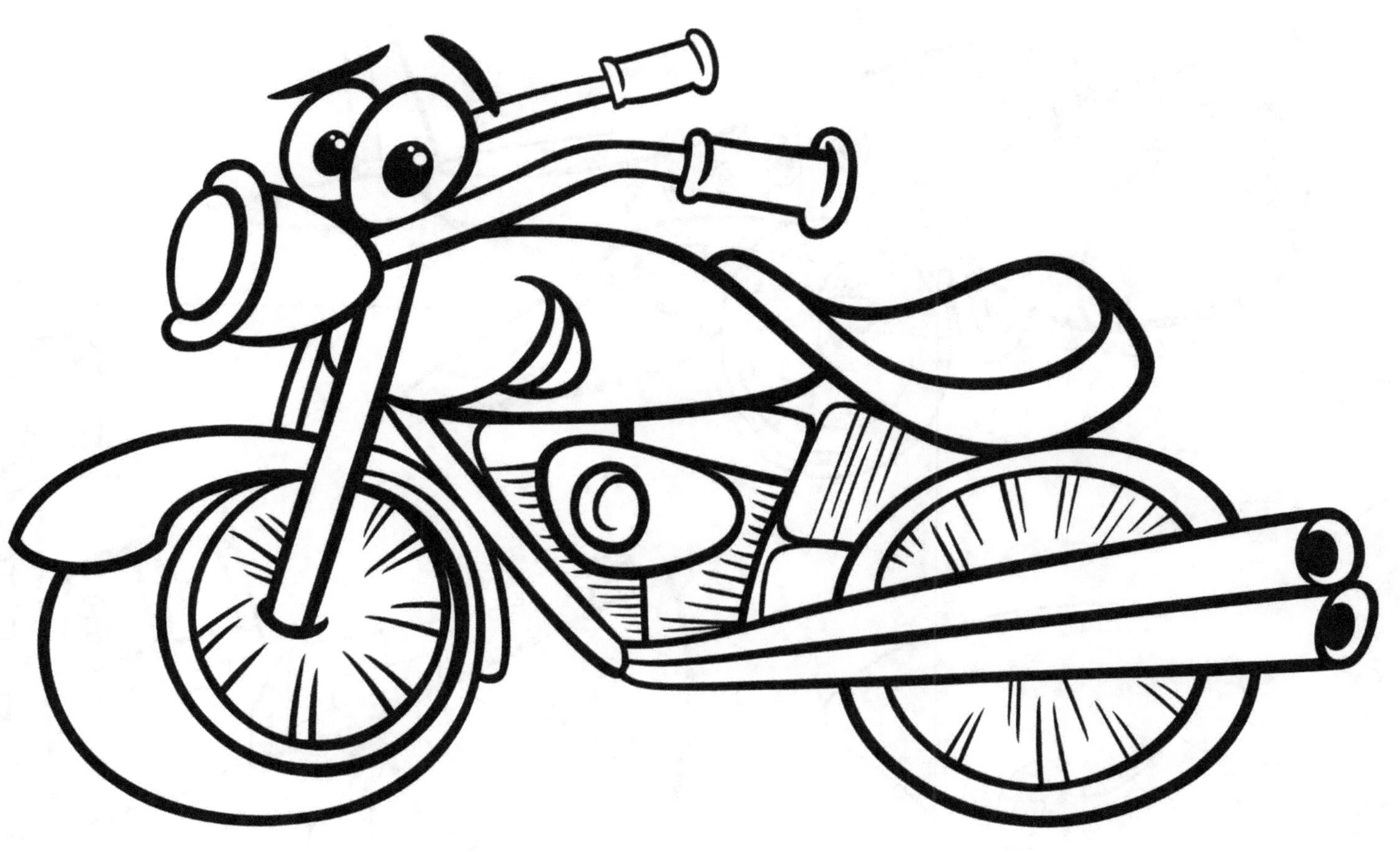

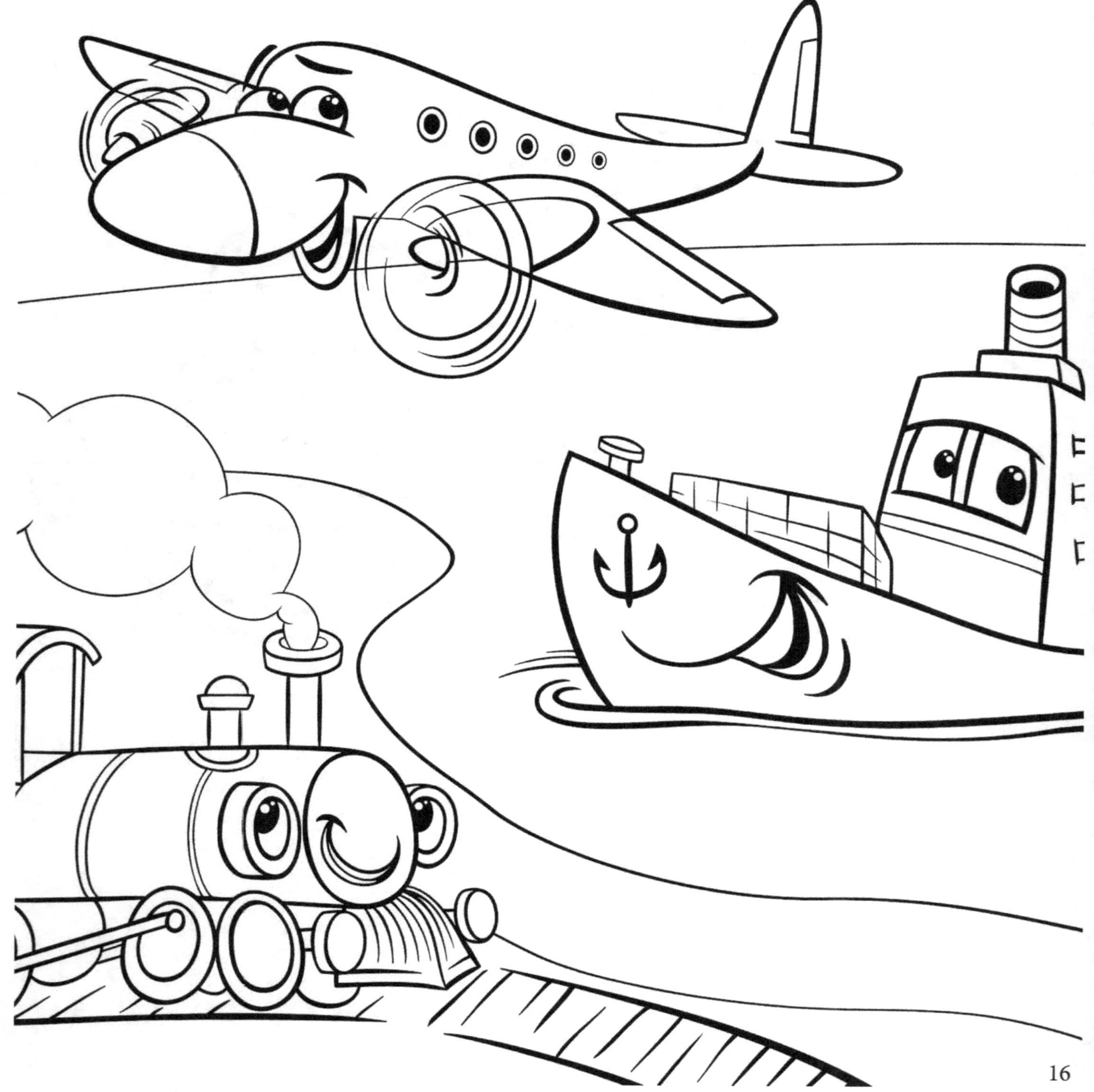

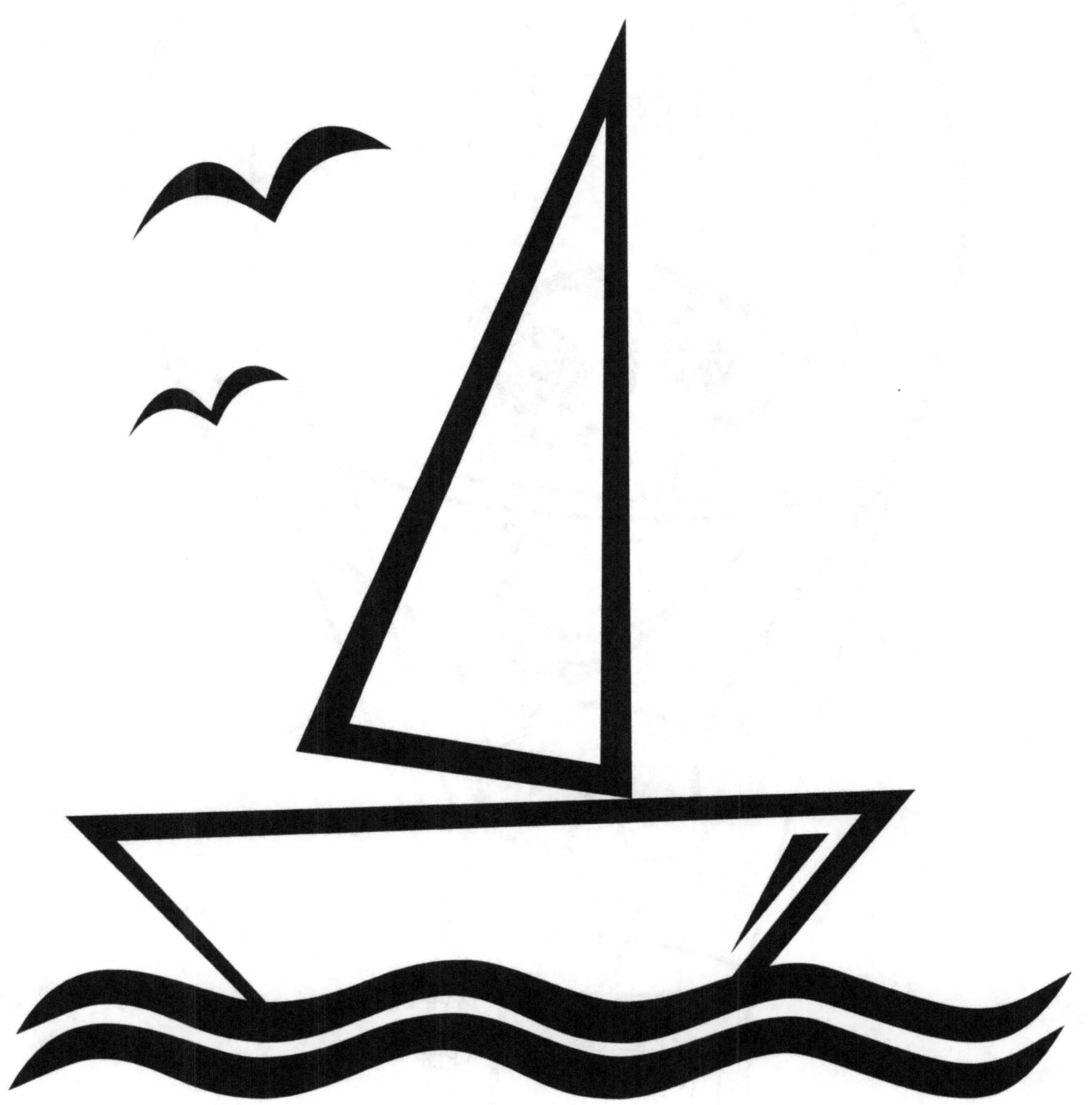

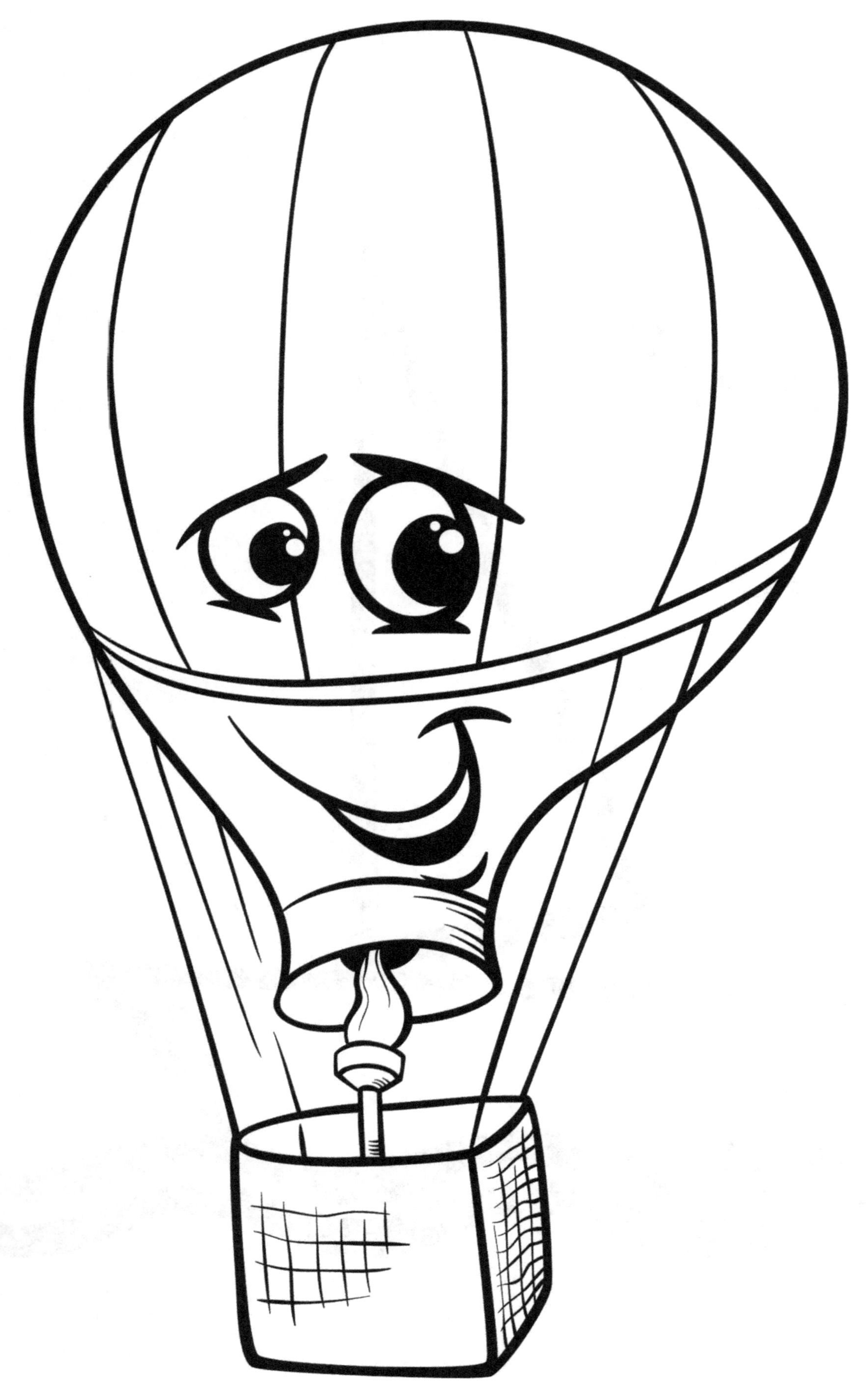

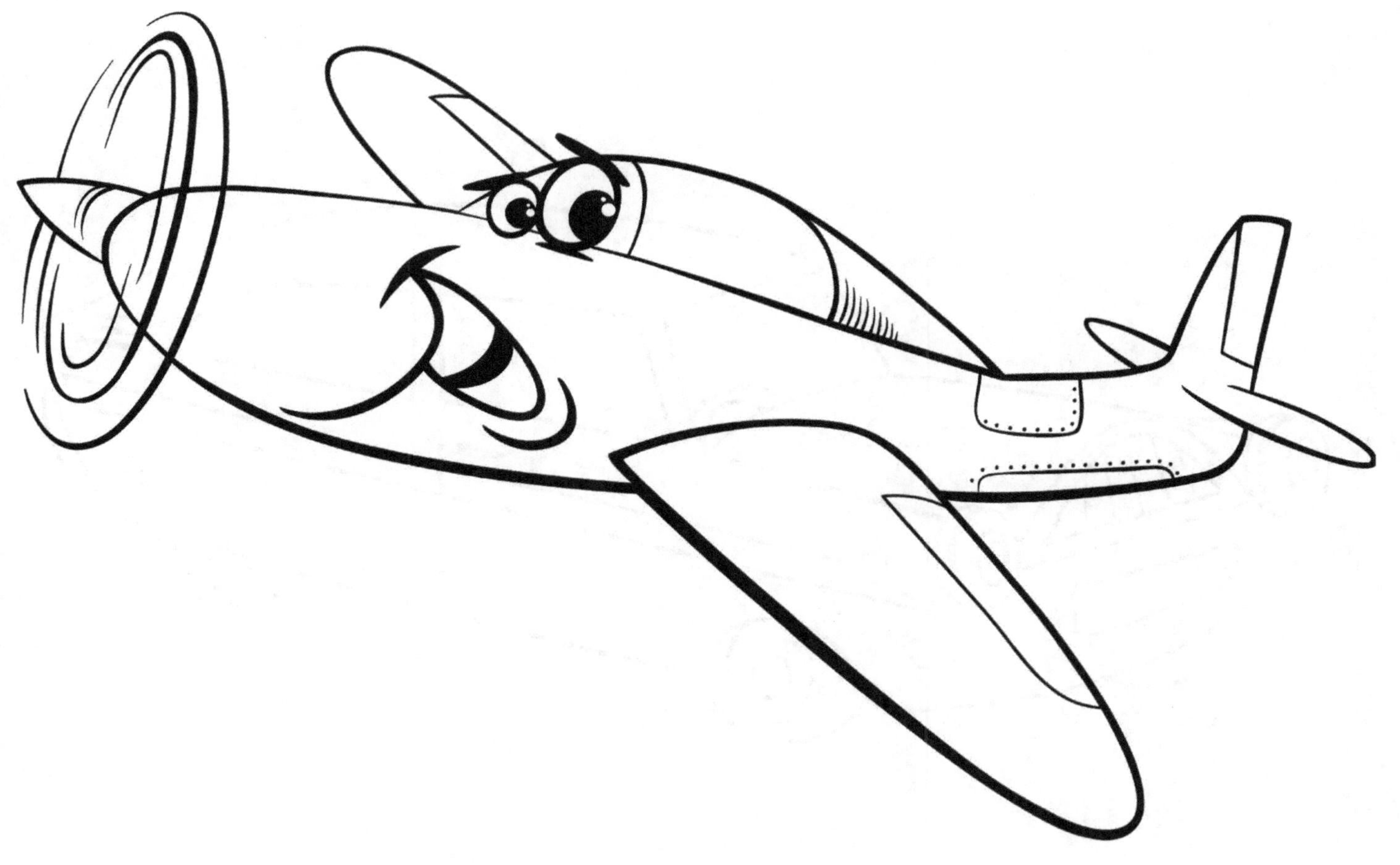

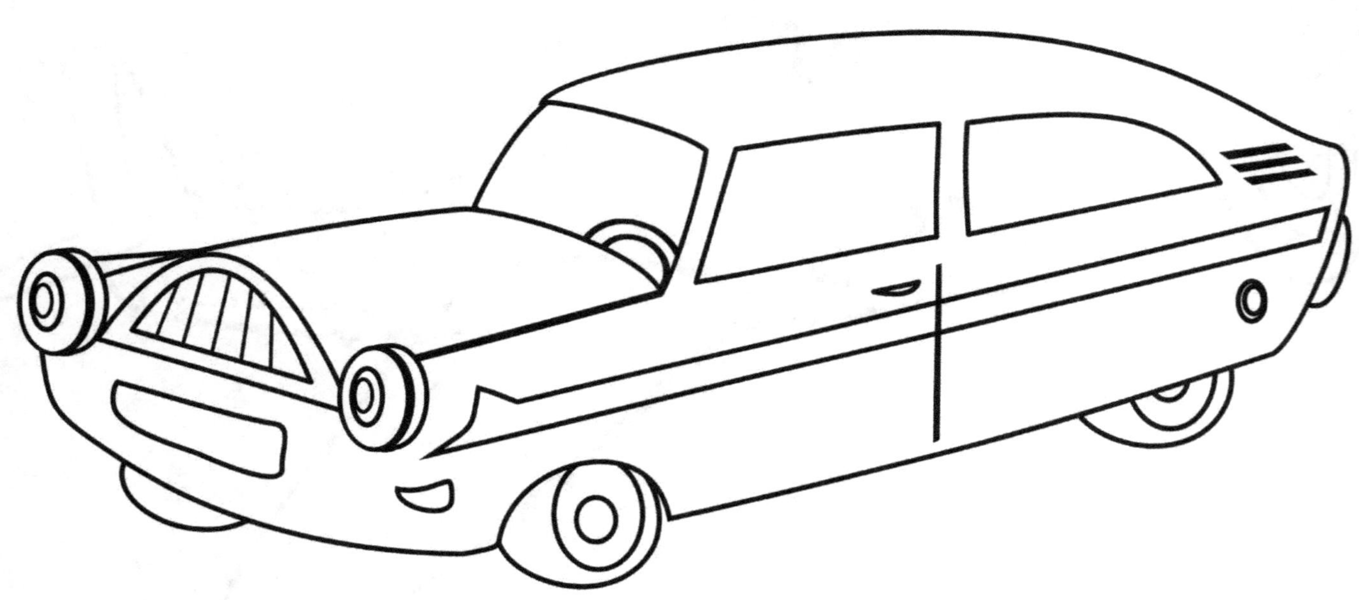

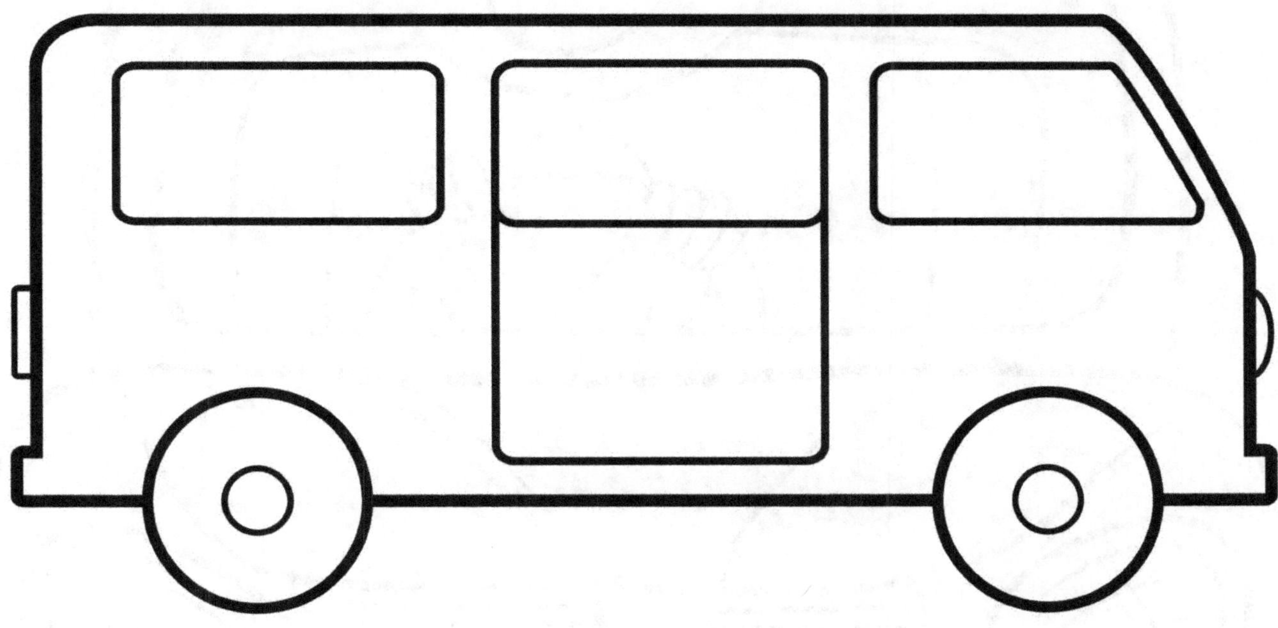

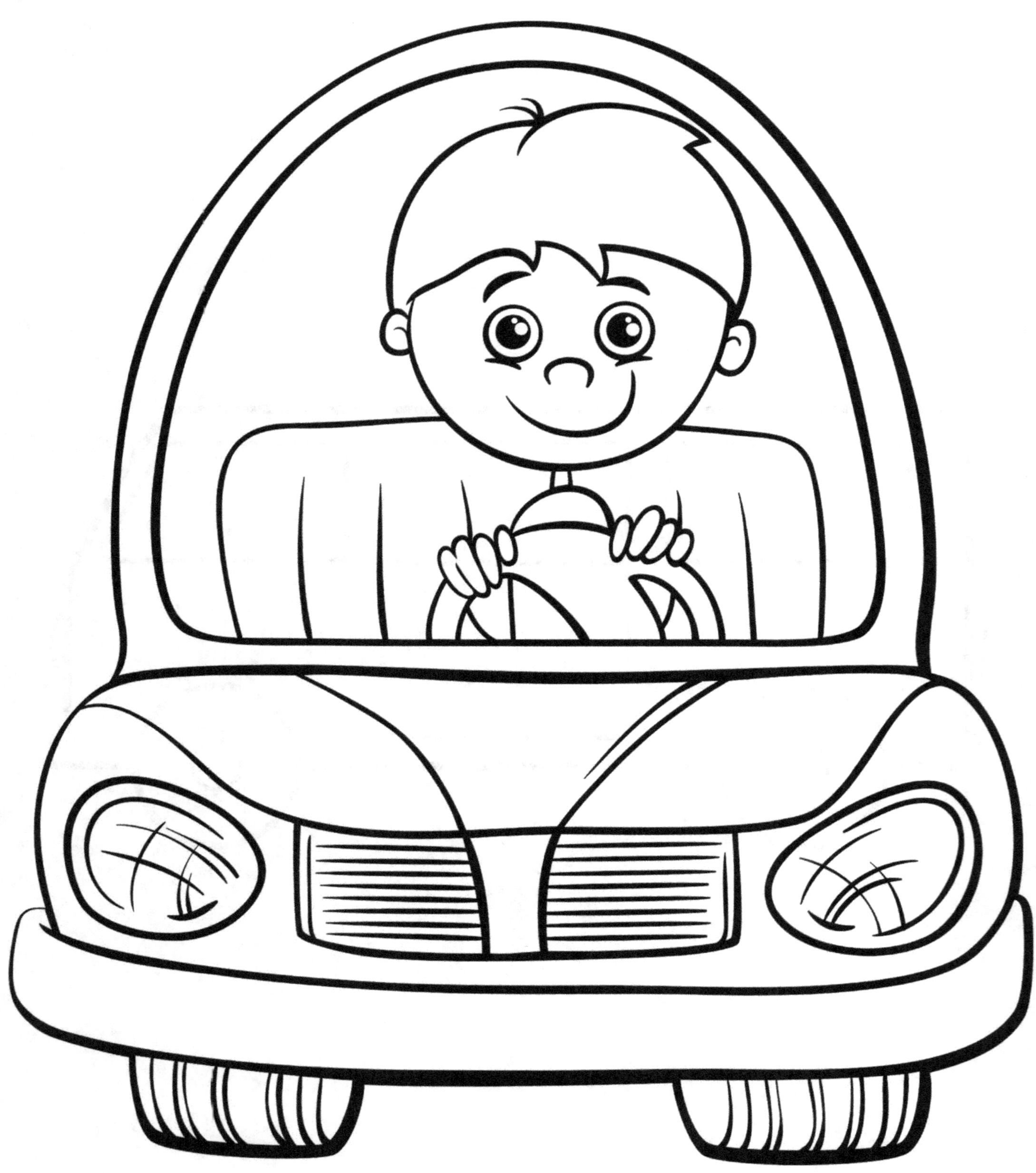

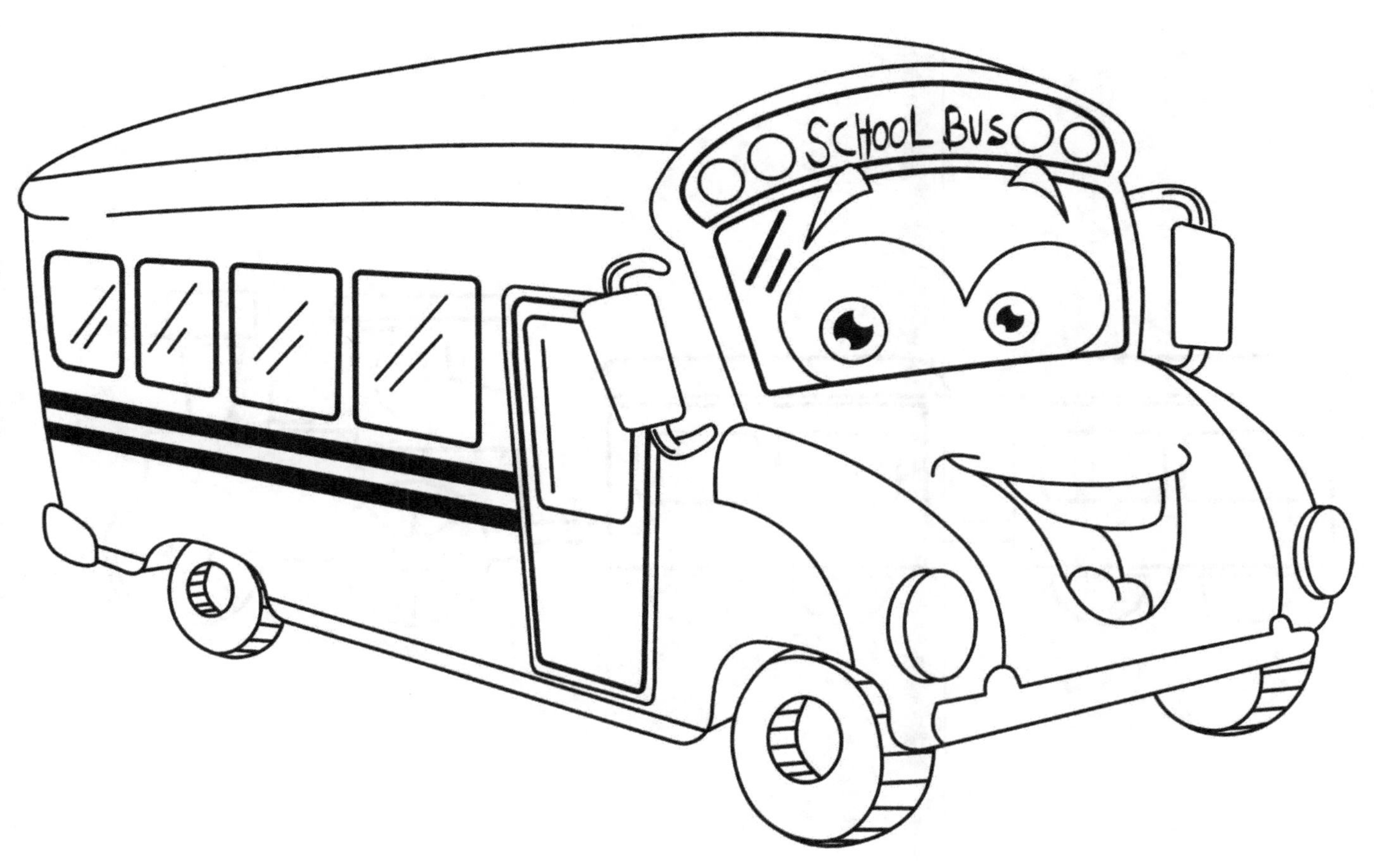

SCHOOL BUS

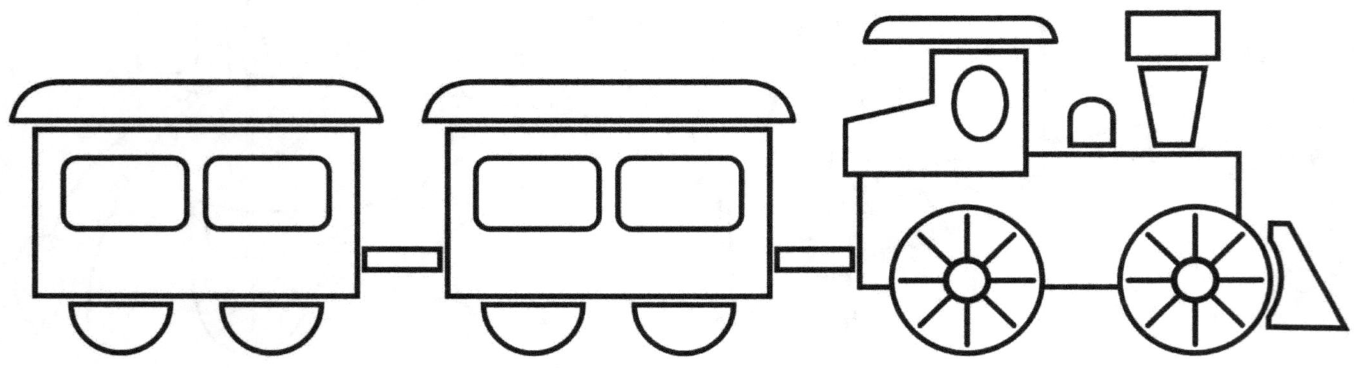

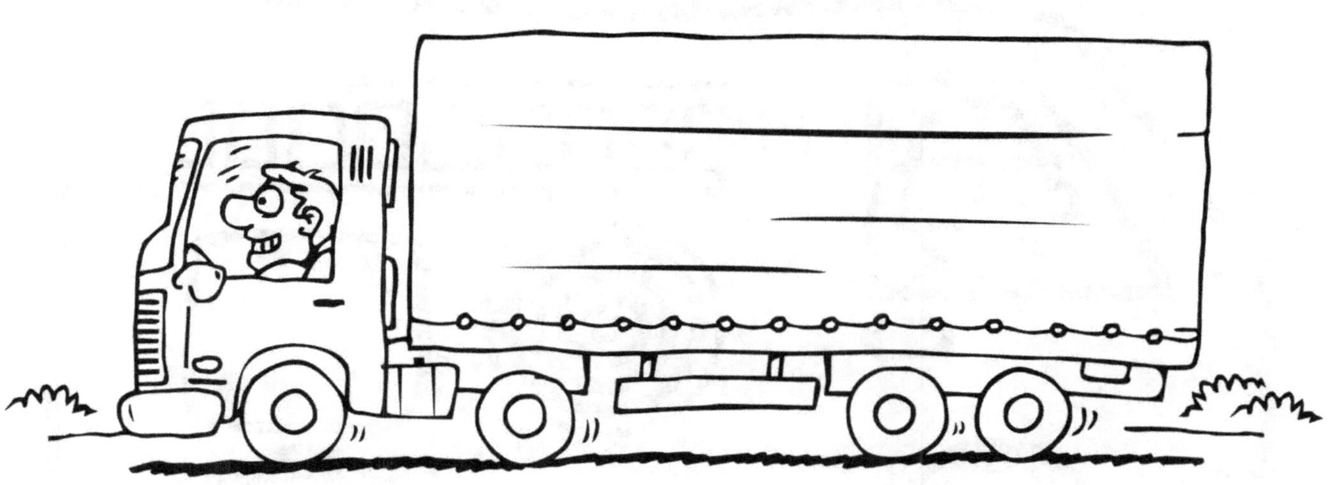

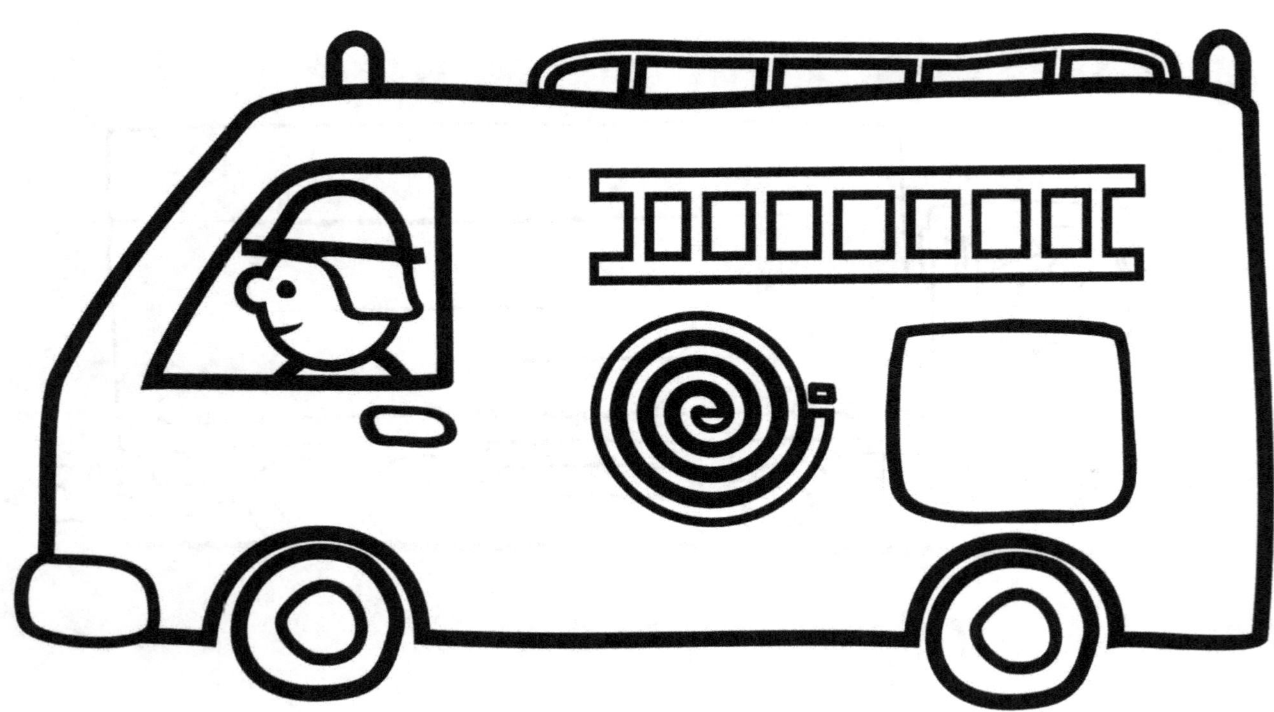

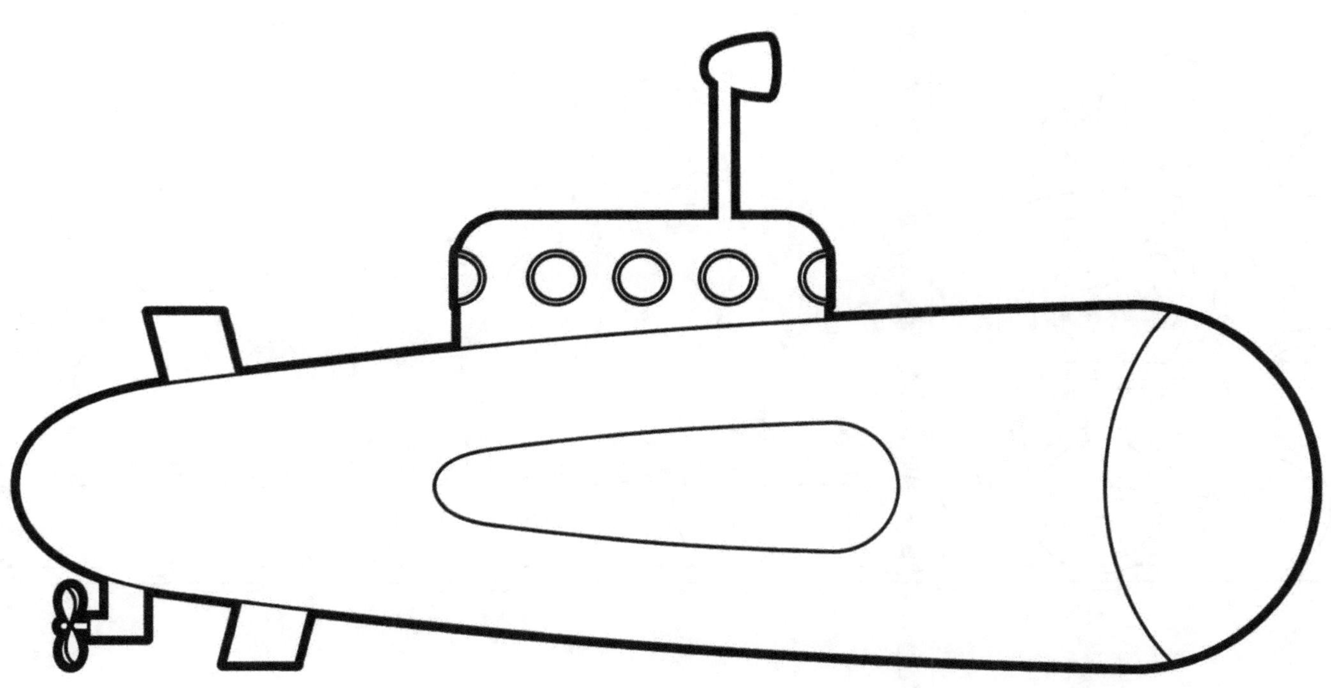

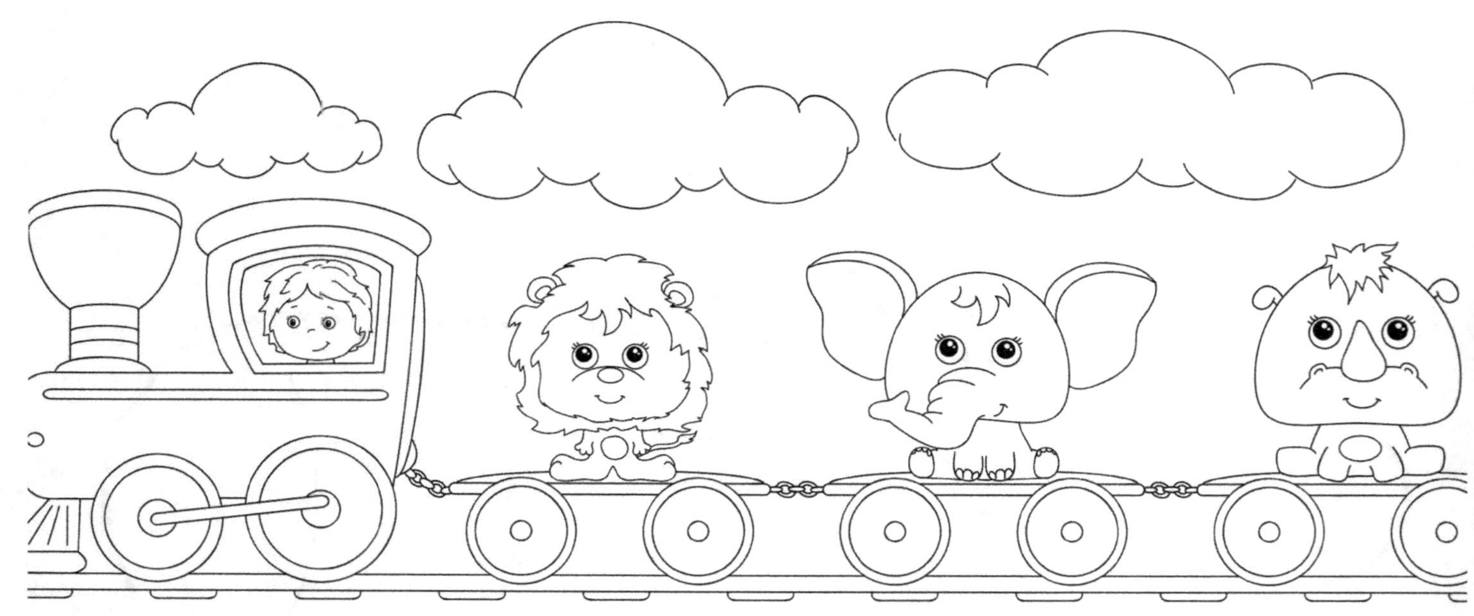

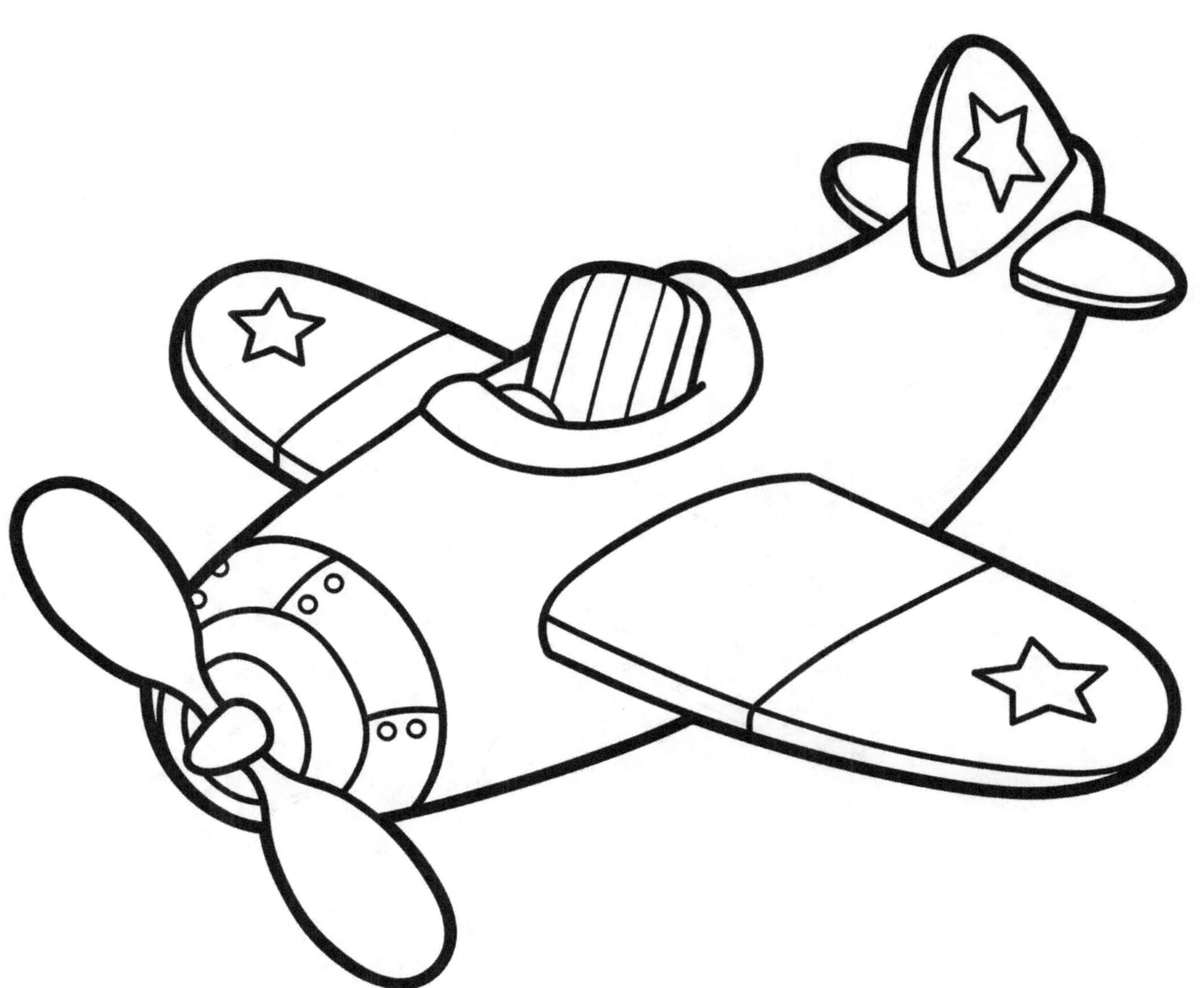

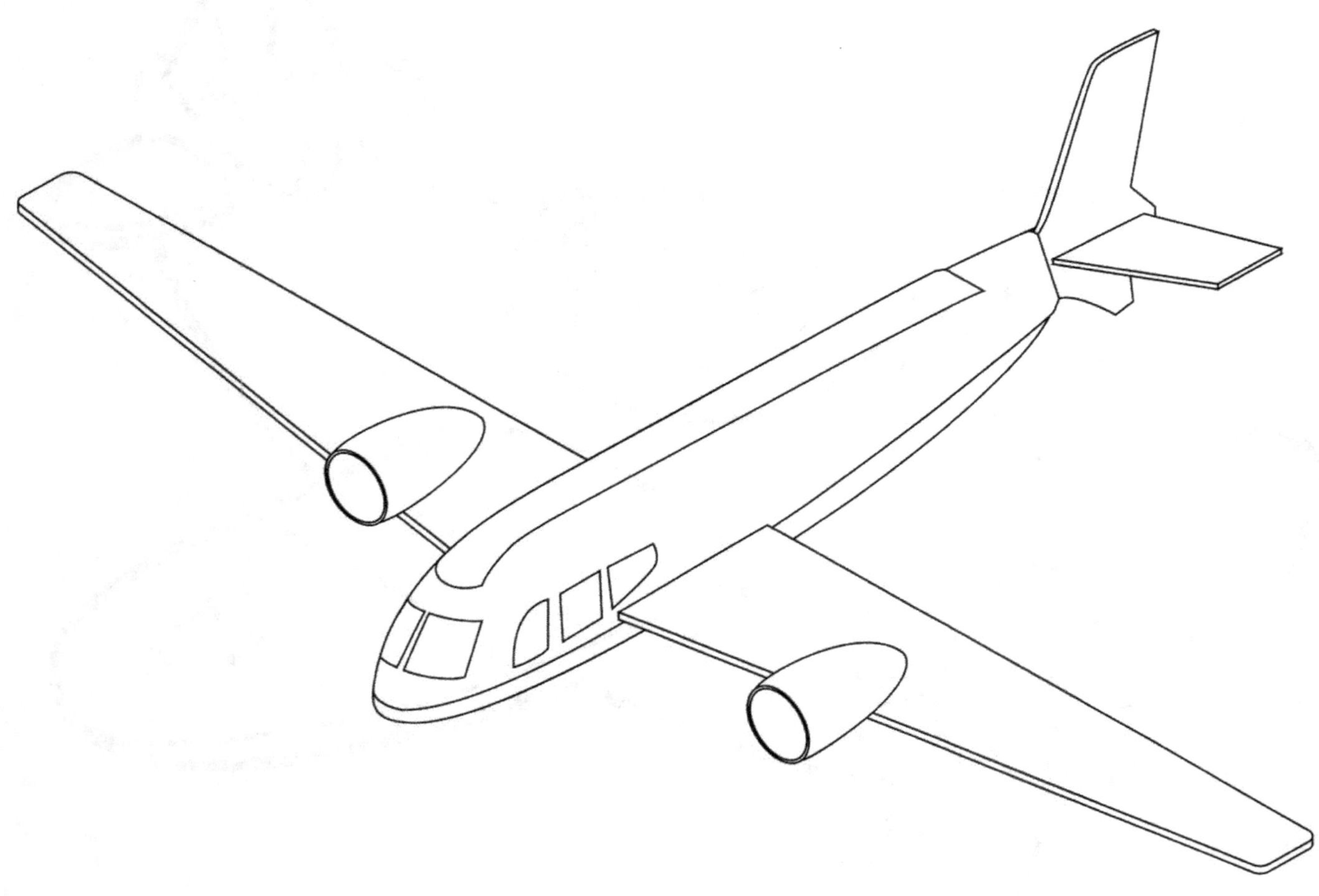

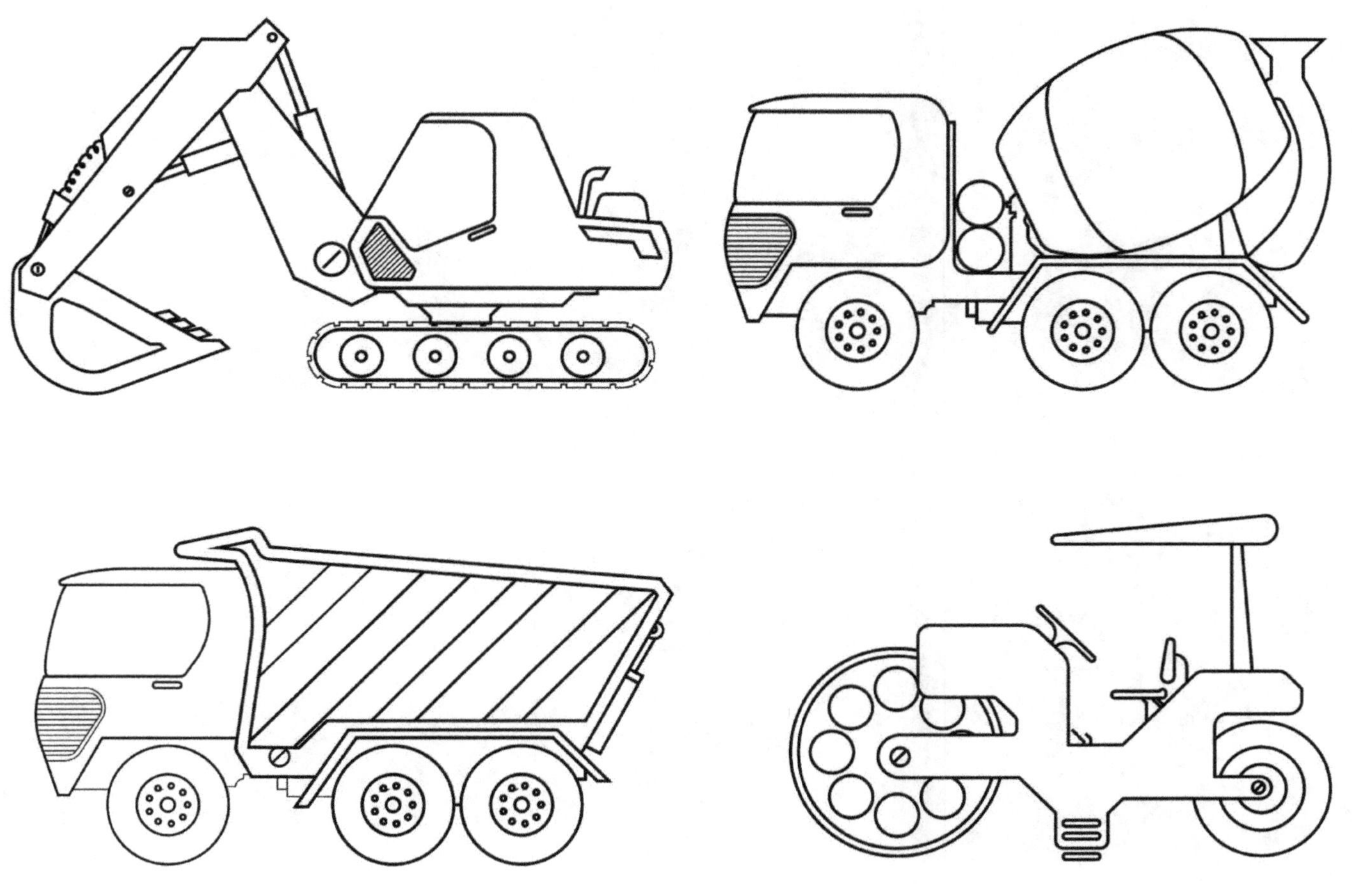

www.ingramcontent.com/pod-product-compliance
Lightning Source LLC
Chambersburg PA
CBHW080319030726
47593CB00009B/2811